Coloriamo il Natale!

Let's Color Christmas!

Illustrated by Ellen Locatelli

Coloriamo il Natale! – Calendario dell'Avvento da Colorare
Let's Color Christmas! – Advent Coloring Book

Illustrations Copyright © 2010 by Ellen Locatelli
Book design by Claudia Cerulli

Visit "I Read Italian" for more books and resources for bilingual children:
www.ireaditalian.com

Long Bridge Publishing
USA
www.LongBridgePublishing.com

ISBN-13: 978-0-9842723-4-1
ISBN-10: 0-9842723-4-8

Coloriamo il Natale!

Calendario dell'Avvento da Colorare

Let's Color Christmas!

Advent Coloring Book

Introduction

An Advent Calendar is a fun way to help children count down the days to Christmas.

Advent is a word that comes from the Latin "adventus", which means "arrival", and is a time of preparation for the celebration of the Nativity of Jesus celebrated on Christmas day.

In most Churches, Advent starts on the fourth Sunday before December 25th.

The tradition of the Advent calendar started in Germany in the mid-1800s. These calendars usually depict a Christmas scene and have 24 little doors. Behind each door, there is a picture, a short poem, or sometimes a little gift. Every door is numbered, and one should be opened each day starting on the first day of December.

How to use this book:

We've designed this coloring book to work like an Advent calendar. Each day, starting on December 1st, your child should color one page. Each page has a number that represents the day of the month and a caption that describes the image to be colored. We've included the Italian text with the English translation which will help your child learn some basic words related to the celebration of Christmas.

Introduzione

Il calendario dell'avvento è un'usanza
divertente per attendere l'arrivo del Natale.

La parola Avvento deriva dal latino "adventus"
che significa "arrivo" e comprende il periodo
che precede la nascita di Cristo, che si celebra a
Natale.

Nella maggior parte dei riti cristiani l'Avvento
inizia la domenica più vicina alla data del 30
novembre, dura quattro settimane e termina a
Natale.

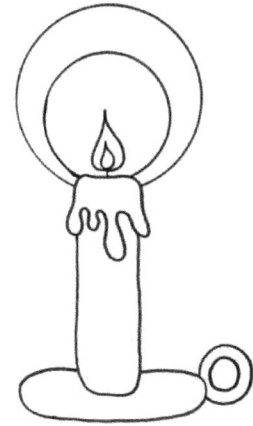

L'uso del calendario dell'Avvento cominciò in Germania nella metà del
diciannovesimo secolo. Questo tipo di calendario in genere rappresenta
una scena natalizia ed ha 24 finestrelle. Dietro ciascuna finestra
solitamente vi è un'immagine, oppure dei versi o un piccolo dono.
Ogni finestrella è numerata e viene aperta nel giorno che corrisponde al
numero che l'accompagna. Si inizia ad aprire la prima finestra il primo
di dicembre.

Come utilizzare questo libro:

Questo libro per colorare può essere utilizzato come un calendario
dell'Avento. Ogni giorno, a partire dal primo di dicembre, si colora una
pagina. Su ogni pagina c'è un numero che rappresenta il giorno del
mese ed una parola che descrive l'immagine da colorare. Sotto ogni
parola in italiano compare il termine corrispondente in inglese. In
questo modo i bambini impareranno alcuni dei vocaboli più comuni
utilizzati durante le feste natalizie.

1

UNO
(ONE)

Ghirlanda
(Wreath)

2

DUE
(TWO)

Addobbi Natalizi
(Christmas Ornaments)

3

TRE
(THREE)

Albero di Natale
(Christmas Tree)

4

QUATTRO
(FOUR)

Stella di Natale
(Poinsettia)

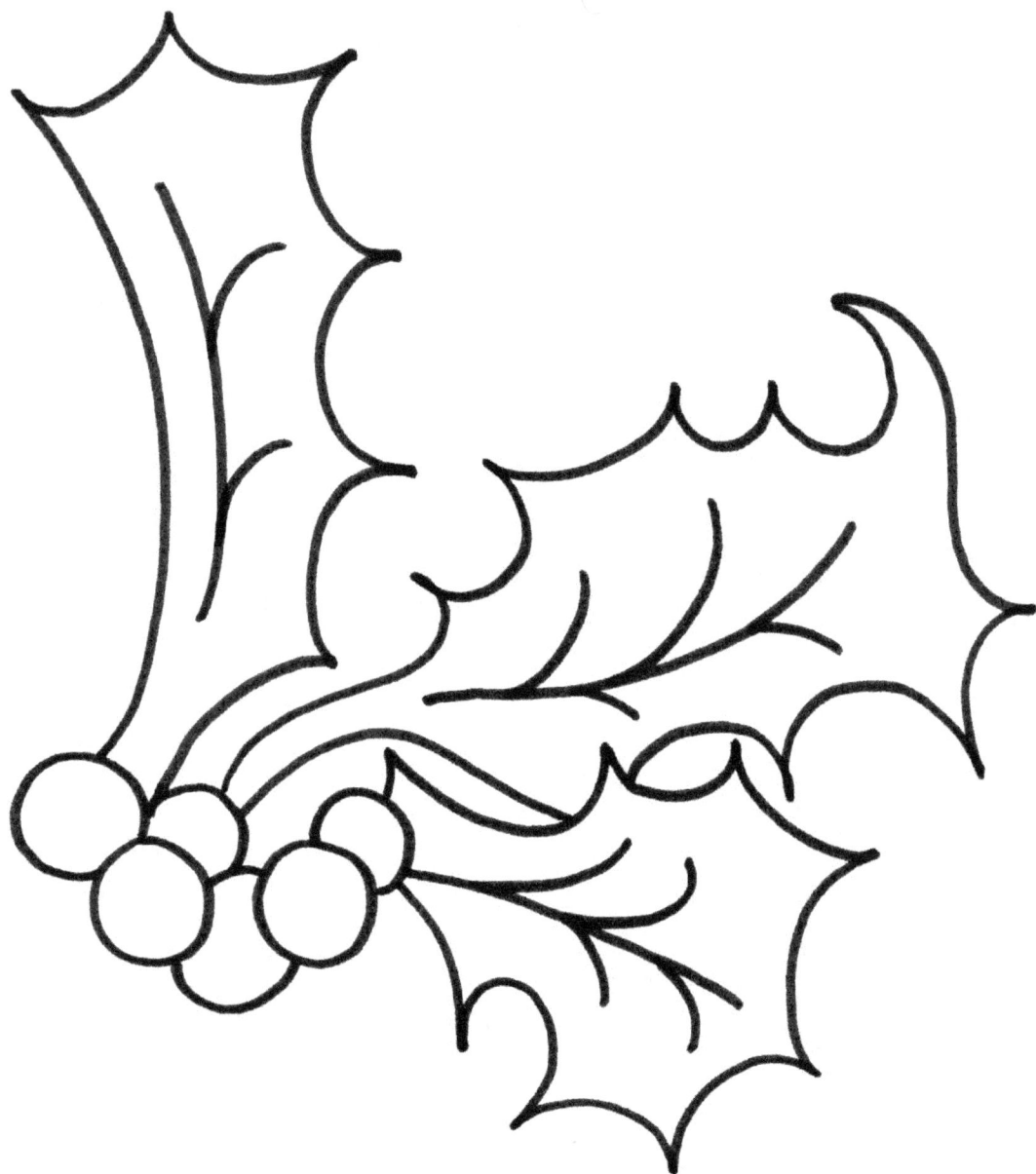

5

CINQUE
(FIVE)

Agrifoglio
(Holly)

6

SEI
(SIX)

Bastoncino di Zucchero
(Candy Cane)

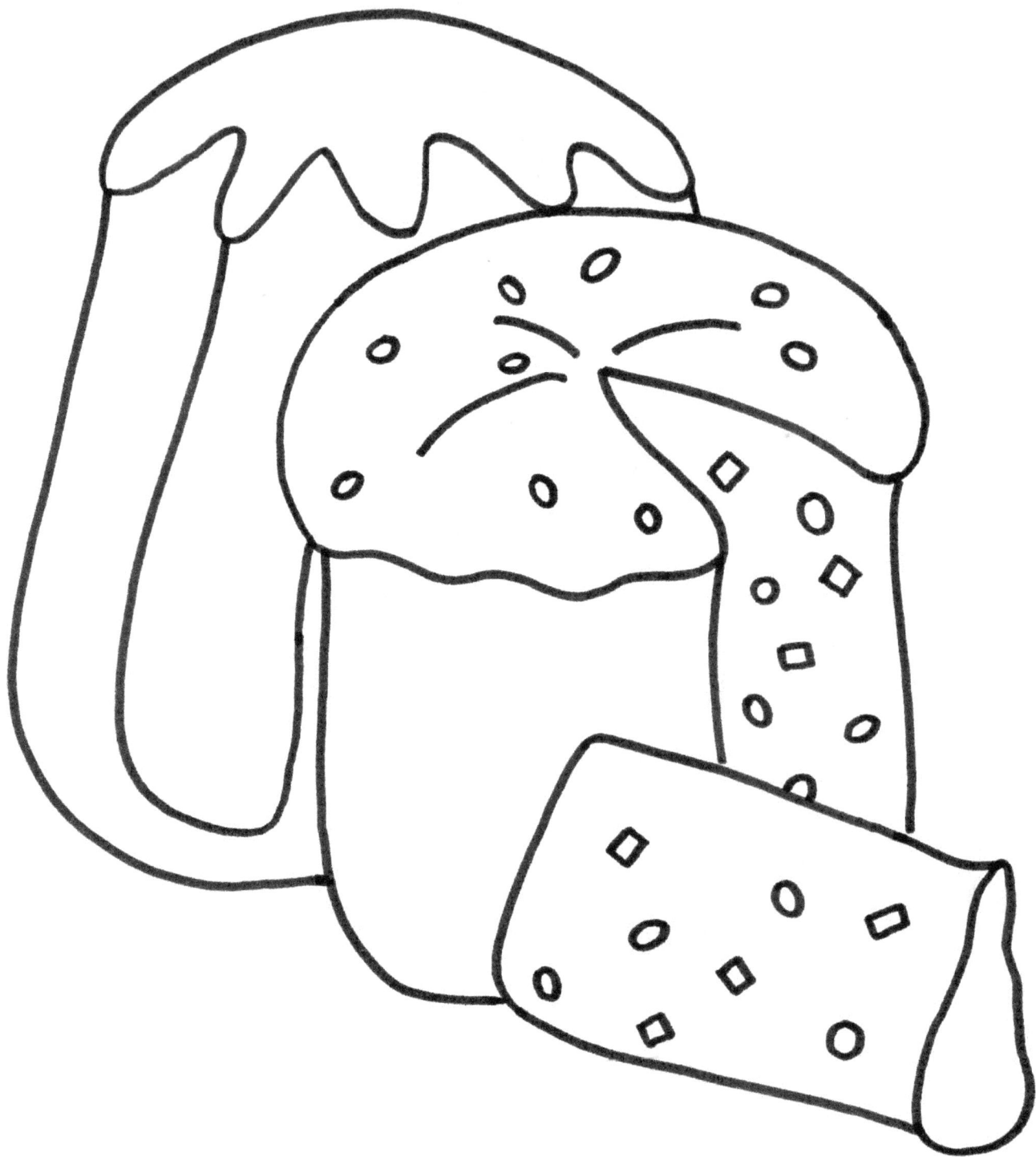

7

SETTE
(SEVEN)

Dolci Natalizi
(Christmas Cakes)

8

OTTO
(EIGHT)

Biscotto allo Zenzero
(Gingerbread Cookie)

9

NOVE
(NINE)

Campane
(Bells)

10

DIECI
(TEN)

Coro Natalizio
(Christmas Carolers)

11

UNDICI
(ELEVEN)

Slitta
(Sled)

12

DODICI
(TWELVE)

Renna
(Reindeer)

13

TREDICI
(THIRTEEN)

Fiocchi di Neve
(Snowflakes)

14

QUATTORDICI
(FOURTEEN)

Pupazzo di Neve
(Snowman)

15

QUINDICI
(FIFTEEN)

Caminetto
(Fireplace)

16

SEDICI
(SIXTEEN)

Calza
(Christmas Stocking)

17

DICIASSETTE
(SEVENTEEN)

Candela
(Candle)

18

DICIOTTO
(EIGHTEEN)

Angelo
(Angel)

19

DICIANNOVE
(NINETEEN)

Stella Cometa
(Christmas Star)

20

VENTI
(TWENTY)

Babbo Natale
(Santa Claus)

21

VENTUNO
(TWENTYONE)

Befana
(Epiphany's Witch)

22

VENTIDUE
(TWENTYTWO)

Regalo
(Gift)

23

VENTITRE
(TWENTYTHREE)

Orsetto
(Teddy Bear)

24

VENTIQUATTRO
(TWENTYFOUR)

Gesù Bambino
(Baby Jesus)

Buon Natale!

Merry Christmas!

www.ingramcontent.com/pod-product-compliance
Lightning Source LLC
Chambersburg PA
CBHW081152040426
42445CB00015B/1856